INSTRUCTION

POUR

LE CAMPEMENT

DES TROUPES A CHEVAL.

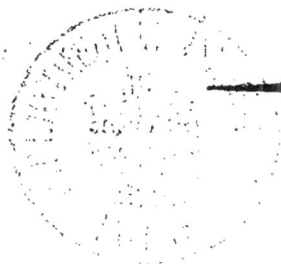

A PARIS,

CHEZ MAGIMEL, LIBRAIRE POUR L'ART MILITAIRE,
rue de Thionville, n°. 9.

1813.

AVIS.

On trouve chez le même Libraire, éditeur du *Journal Militaire*, tous les *Registres* et *Etats* nécessaires à la comptabilité des corps de toutes armes, ainsi que les *Ouvrages*, *Décrets*, *Réglemens*, *Instructions militaires*, etc.

Il se charge, en outre, de procurer tous les autres ouvrages de quelques genres qu'ils soient, et de faire les abonnemens aux différens *Journaux*.

INSTRUCTION

POUR

LE CAMPEMENT

DES TROUPES A CHEVAL.

PRINCIPES GÉNÉRAUX.

La présente instruction n'entrera dans les détails que pour le campement d'un régiment, parce qu'un régiment une fois campé, tous les autres peuvent l'être de la même manière.

L'étendue d'un camp doit être déterminée d'après la force de la troupe qui doit l'occuper. Le camp doit être couvert par la troupe en bataille : ainsi il faut connoître l'espace qu'occupe une troupe en bataille, pour assigner l'étendue du front de son camp. Les escadrons actuels étant ou pouvant devenir plus ou moins forts, on a pris pour base, dans cette instruction, les camps des régimens dont les escadrons sont de différentes forces, depuis 80 files jusqu'à 24. En suivant ces exemples, le chef de l'état-major général de l'armée qui entrera en campagne, pourra déterminer pour chaque régiment, d'après le développement de son front de bataille, les dimensions du front et de la profondeur du camp que ce régiment devra occuper, ainsi

1*

que la longueur et la division des cordeaux à tracer dont il devra faire usage.

Une file de cavalerie doit être comptée pour deux files d'infanterie, qui sont évaluées à un mètre. Par conséquent, le front du camp d'un régiment doit être d'autant de mètres qu'il y a de files dans les escadrons en bataille.

On pourra tracer le camp en partant, soit de la droite, soit de la gauche de la ligne, indistinctement.

Les escadrons dans les régimens, et les régimens dans les brigades, camperont toujours dans le même ordre où ils devront se mettre en bataille.

Il sera laissé un intervalle de 12 mètres entre les régimens de la même brigade, et un intervalle de 20 mètres entre chaque brigade; mais il ne sera laissé aucun intervalle entre les escadrons d'un même régiment.

On laissera toujours, entre le camp de l'infanterie et celui de la cavalerie, 50 mètres d'intervalle.

Les camps des régimens et des brigades de cavalerie seront toujours alignés les uns sur les autres. Mais si la nature du terrain ne permettoit pas un alignement exact, on seroit toujours aligné jusqu'au point où la disposition du terrain forceroit de changer la direction de la ligne. Dans ce cas, il faut bien faire attention que la queue du camp d'un escadron ne vienne pas se confondre avec le camp d'un escadron voisin. On évitera cet inconvénient, lorsque la direction de la ligne changera dans le camp d'un même régiment, en laissant entre le camp de deux escadrons un intervalle suffisant pour que la queue de l'un ne prenne pas sur la queue de l'autre; et lorsque la direction de la ligne changera entre les camps de deux régimens, en augmentant l'intervalle entre ces deux régimens de l'espace nécessaire pour remplir cet objet.

De la forme du camp, et de son étendue en largeur ou front, et en profondeur.

On campera ordinairement par demi-compagnies formant chacune une seule rangée de tentes, lorsque les escadrons seront de 48 files et au-dessus, jusqu'à 80 files : chaque escadron aura, par conséquent, quatre rangées de tentes. La demi-compagnie de droite du premier escadron formera une rangée simple de tentes ; les tentes de l'autre moitié de cette compagnie seront adossées à celles de la moitié de l'autre compagnie du même escadron. Celles de l'autre moitié de la seconde compagnie du premier escadron seront adossées à la première demi-compagnie du deuxième escadron ; et ainsi de suite jusqu'à la dernière demi-compagnie du dernier escadron, qui formera, comme la première demi-compagnie du premier escadron, une rangée simple.

D'après ces dispositions, chaque compagnie formera une grande rue, sur laquelle s'ouvriront les tentes ; et il y aura autant de grandes rues que de compagnies, c'est-à-dire, deux grandes rues pour un escadron, quatre pour deux escadrons, et ainsi de suite. (*V. les planches* 1 *et* 2.)

Les tentes adossées seront séparées entre elles par une petite rue d'un mètre 95 centimètres (une toise), destinée à l'écoulement des eaux ; à l'effet de quoi il y sera pratiqué une rigole.

Les grandes rues sont destinées aux piquets des chevaux : il y aura une ligne de piquets de chaque côté de la rue. Les chevaux feront face aux tentes. (*V. les planches.*)

Lorsque les escadrons ne seront que de 40 files et au-dessous, on campera par compagnies. Alors chaque compagnie formera une seule rangée de tentes ; et il n'y aura par escadron qu'une seule grande rue, sur laquelle les deux tentes de chacune des deux compagnies de l'escadron seront ouvertes. Les tentes de la seconde compagnie du premier escadron seront adossées à celles de la première compagnie du deuxième escadron ; et ainsi de suite jusqu'à la dernière compagnie du dernier escadron, qui formera une rangée de tentes isolées comme la première du premier escadron. (*V. la planche* 3.)

Les tentes où seront logés les sous-officiers seront placées à six mètres en arrière de celles des cavaliers de leurs compagnies respectives, l'ouverture faisant face au front du camp.

Il sera laissé entre chaque tente, dans la profondeur du camp, un intervalle pour placer le fourrage. Cet intervalle sera double entre l'avant-dernière et la dernière tente, afin qu'il n'y ait point de fourrage entre les tentes et les cuisines.

Les faisceaux d'armes, dans les régimens armés de baïonnettes, seront placés sur un même alignement, à 9 mètres (4 toisrs 3 pieds 8 pouces 6 lignes) en avant du front des tentes, et vis-à-vis de leurs demi-compagnies respectives.

Les cuisines seront placées et alignées à 14 mètros (7 toises 1 pied 1 pouce 2 lignes) en arrière des tentes des sous-officiers.

Le brigadier-trompette, l'artiste vétérinaire, les chefs-ouvriers, les vivandiers, ainsi que les blanchisseuses attachées aux compagnies, camperont sur un même alignement, à 16 mètres (8 toises 1 pied 3 pouces 1 ligne) en arrière des cuisines.

Les lieutenans et sous-lieutenans camperont sur un même alignement, à 16 mètres en arrière des tentes des chefs-ouvriers, etc., et derrière leur escadron respectif.

Les adjudans camperont au centre du régiment sur l'alignement des lieutenans et sous-lieutenans.

Les capitaines camperont sur un même alignement, à 16 mètres en arrière des tentes des lieutenans et sous-lieutenans.

Les officiers supérieurs, les adjudans-majors, le trésorier et le chirurgien, camperont sur un même alignement, à 20 mètres (10 toises 1 pied 6 pouces 10 lignes) en arrière des tentes des capitaines; savoir, le colonel vis-à-vis le centre du régiment, ayant à sa droite et à sa gauche le major, le trésorier et le chirurgien; et les chefs d'escadron vis-à-vis leurs escadrons respectifs, ayant chacun à sa droite ou à sa gauche un adjudant-major.

La tente de la garde de police, et celle destinée à loger les prisonniers, seront placées au centre du régiment, à une égale distance du front de bandière et des faisceaux d'armes. La tente de la garde de police sera à la droite.

Les étendards seront placés au centre du régiment, sur la droite de la tente de police, et entre cette tente et les faisceaux d'armes, mais plus près des faisceaux d'armes.

Le chevalet du piquet sera placé sur l'alignement des faisceaux des compagnies, à la gauche des étendards.

Les latrines pour les sous-officiers et cavaliers, lorsque le régiment campera par demi-compagnie, seront placées vis-à-vis le centre de chaque escadron, à 66 mètres en avant du front de bandière; celles des officiers seront placées vis-à-vis

le centre de chaque escadron , à 36 mètres en arrière de l'alignement des tentes des officiers supérieurs. Mais lorsque le régiment campera par compagnie, il n'y a aura qu'une latrine de cavaliers , et
une d'officiers pour deux escadrons , qui seront
placées à la même distance que ci-dessus , vis-à-vis
le centre des deux escadrons. (*V. la planche* 3.)

Les latrines seront entourées d'une feuillée.

D'après ces principes , il est facile de déterminer l'étendue du camp d'un régiment, en front ou
largeur et en profondeur , quelle que soit la force
de ce régiment.

Etendue du camp d'un régiment de quatre esca-drons , campé par demi-compagnie.

Le front du camp présentera deux tentes par
compagnie , quatre tentes pour un escadron , et
seize tentes pour tout le régiment.

Les tentes ayant leur ouverture dans leur longueur , seront placées dans leur largeur sur le front
du camp. La largeur d'une tente est de 3 mètres
90 centimètres (2 toises).

Il y aura deux rangées simples de tentes , sept
rangées jumelles , séparées chacune par une petite
rue d'un mètre 95 centimètres (1 toise).

Huit grandes rues , et dans chacune deux rangées de piquets pour les chevaux , faisant seize
rangées pour les huit rues.

Front du camp d'un régiment dont les escadrons sont de 48 files.

Les quatre escadrons à 48 files donnent un front
de bataille de 192 files : par conséquent le front du
camp , d'après ce qui a été établi dans les principes
généraux , doit être de 192 mètres (98 tois. 3 pieds
1 ligne).

On aura ce front du camp de 192 mètres de la manière suivante :

Deux rangées simples de tentes à 3 mètres 90 centimètres. . . . . 7^m 80^c

Sept rangées jumelles, à 9 mètres 74 à 75 centimètres (5 toises), y compris les petites rues. 68   20

Seize espaces de tentes aux piquets pour les chevaux, à 2 mètres. 32   00

Huit grandes rues entre les piquets, à 10 mètres 50 centimètres ou 10 mètres et demi. 84   00

Total pareil à la quantité de files que donnent les quatre escadrons en bataille. 192   00

Profondeur du camp d'un régiment dont les escadrons sont de 48 files.

Les tentes sont destinées pour huit cavaliers. L'escadron étant de 48 files, il doit y avoir six tentes par compagnie, et par conséquent trois tentes de cavaliers dans la profondeur du camp.

La longueur d'une tente est de 5 mètres 84 centimètres (3 toises) ci. . . . . 5^m 84^c

L'intervalle d'une tente à l'autre, destiné à placer le fourrage, doit être de 5 mètres 16 centimètres (2 toises 3 pieds 10 pouces 6 lignes). 5   16

Ce qui fait pour l'espace d'une tente, et l'intervalle pour le fourrage de l'une à l'autre. 11   0

L'intervalle pour le fourrage de la troisième et dernière tente, doit être en avant de cette tente, de sorte qu'il y aura deux places de fourrages entre la dernière et l'avant-dernière tente, ainsi qu'il est expliqué page 6. (*V. les planches*).

D'après ces bases, l'évaluation de la profondeur du camp est bien simple.

Des faisceaux d'armes à la première ligne des tentes. . . . . 9^m

Profondeur de trois tentes placées dans leur longueur, y compris trois intervalles pour le fourrage, à 11 mètres.   33

De la dernière ligne des tentes de cavaliers aux tentes des sous-officiers.   6

Des tentes des sous-officiers aux cuisines. 14

Des cuisines aux tentes des brigadiers-trompettes, chefs-ouvriers, vivandiers, etc. 16

Aux tentes des lieutenans, sous-lieutenans et adjudans.   16

Aux tentes des capitaines.   16

Aux tentes de l'état-major du régiment. 20

Total. 130

Ainsi la profondeur du camp, depuis les faisceaux d'armes jusqu'aux dernières tentes, est de 130 mètres (66 toises 4 pieds 2 pouces 5 lignes.)

Front du camp d'un régiment dont les escadrons sont de 56 files.

Les quatre escadrons donnent en bataille 224 files. Le front du camp doit être, par conséquent, de 224 mètres; ce qui fait 32 mètres de plus que pour un régiment dont les escadrons sont de 48 files.

On répartira ces 32 mètres dans les espaces des tentes aux piquets des chevaux, et dans la largeur des grandes rues.

Deux rangées simples de tentes occupent. . . . . $7^m 80^c$ $\Big\}$ 76^m

Sept rangées jumelles, y compris les petites rues, occupent. . 68 20

On augmentera d'un mètre l'espace des tentes aux piquets pour les chevaux; ce qui portera cet espace à 3 mètres au lieu de deux, et donnera pour les seize espaces. . 48^m

Il restera 100 mètres pour les huit grandes rues entre les piquets; ce qui donnera 12 mètres 50 centimètres pour chaque rue, ci. 100

Total pareil. 224

Profondeur du camp d'un régiment dont les escadrons sont de 56 files.

A 56 files par escadron, il doit y avoir sept tentes par compagnie, qui seront placées de la manière suivante dans la profondeur du camp.

La rangée simple de tentes de la droite, et la rangée simple de celles de la gauche du camp, seront chacune de quatre tentes. La première rangée jumelle ne sera que de trois tentes; la seconde rangée jumelle sera de quatre, et ainsi de suite alternativement jusqu'à la dernière rangée simple, qui se trouvera de quatre tentes.

Dans les rangées jumelles qui ne seront que de trois tentes, on placera la troisième tente sur l'alignement de la quatrième tente des rangées qui en ont quatre; ce qui laissera un espace vide entre la seconde et la dernière tente des rangées qui n'en auront que trois. (*V. la planche* 2.)

La profondeur du camp sera augmentée d'une longueur de tente, y compris son intervalle pour fourrage, c'est-à-dire de 11 mètres.

Front du camp d'un régiment dont les escadrons sont de 64 files.

Les quatre escadrons donnent en bataille 257 files : par conséquent le front du camp doit être de 256 mètres ; ce qui fait 32 mètres de plus que pour la formation à 56 files.

Ces 32 mètres seront répartis dans la largeur des grandes rues.

Deux rangées simples et sept rangées jumelles de tentes, y compris les petites rues, occupent un espace de . . . . 76^m ⎫
Seize espaces de tentes aux pi- ⎬ 124^m
quets des chevaux. . . . . 48 ⎭

Les grandes rues seront de 16 mètres 50 centimètres, ce qui fait pour les huit rues. 132

$$\text{Total pareil. . . . . . . 256}$$

Profondeur du camp d'un régiment dont les escadrons sont de 64 files.

Pour cette formation, il faut huit tentes par compagnie ; ce qui donne quatre tentes par compagnie dans la profondeur du camp, et quatre intervalles pour le fourrage. La profondeur du camp sera donc la même que pour la formation à 56 files; et il n'y aura point de vide, le nombre de tentes étant égal pour chaque demi-compagnie.

Front du camp d'un régiment dont les escadrons sont de 72 files.

Les quatre escadrons donnent 288 files : le front du camp doit être de 288 mètres.

Deux rangées simples de tentes, sept rangées jumelles y compris les petites rues, et seize espaces des tentes aux piquets des chevaux, donnent. . . . . 124^m

Les grandes rues seront de 20 mètres 50 centimètres; ce qui fera pour les huit rues. 164

Total pareil. 288

Profondeur du camp d'un régiment dont les escadrons sont de 72 files.

Il faut neuf tentes par compagnie, ce qui fait cinq tentes dans la profondeur du camp. Les deux rangées simples seront de cinq tentes; les rangées jumelles seront alternativement de quatre et de cinq tentes; ce qui donnera dans les rangées jumelles qui n'auront que quatre tentes, un espace vide qu'on laissera entre la troisième et la quatrième tente, ainsi qu'il a été expliqué pour la formation à 56 files, page 11. (*V. la pl. 2*).

La profondeur du camp sera augmentée de 11 mètres; c'est-à-dire de la longueur d'une tente, y compris son intervalle pour le fourrage.

Front du camp d'un régiment dont les escadrons sont de 80 files.

Les quatre escadrons donnent 320 files : le front du camp doit être de 320 mètres.

Deux rangées simples de tentes, sept rangées jumelles, y compris les petites rues, et seize espaces des tentes aux piquets de chevaux donnent. . . . . 124^m

Les grandes rues seront de 24 mètres

D'autre part. . . . . 124^m
et demi ou 5o centimètres, ce qui donnera
pour les huit rues. 196

Total pareil. 320

Profondeur du camp d'un régiment dont les escadrons sont de 8o files.

Il faut dix tentes par compagnie ; par conséquent, cinq tentes dans la profondeur du camp,
ce qui donne la même profondeur que pour la formation à 72 files.

Etendue du camp d'un régiment de quatre escadrons, campé par compagnie.

Le front du camp présentera une tente par compagnie, deux tentes pour un escadron, et huit tentes pour les quatre escadrons du régiment.

Il y aura deux rangées simples de tentes, trois
rangées jumelles donnant trois petites rues, quatre
grandes rues, et dans chaque rue deux rangées
de piquets pour les chevaux faisant huit rangées
pour les quatre rues. (*V. la planche* 3).

Front du camp d'un régiment dont les escadrons sont de 24 files.

Les quatre escadrons à 24 files donnent un front
de bataille de 96 files. Le front du camp doit être
de 96 mètres, c'est-à-dire moitié de celui d'un
régiment à 48 files par escadron, campé par demi-
compagnie. On prendra donc pour la largeur des
grandes rues et pour l'espace des tentes aux piquets
des chevaux, les mêmes dimensions que pour le

camp par demi-compagnie à 48 files (*voyez p. 8*),
et l'on aura

Deux rangées simples à 3 mètres 90 centimètres . . . . 7^m 80
    Trois rangées jumelles, à 9 mètres
75 centimètres, y compris les petites
rues 29 25
    Huit espaces de tentes aux piquets
pour les chevaux, à 2 mètres 16 00
    Quatre grandes rues, à 10 mètres et
demi ou 50 centimètres 42 00

Total . . . 95 5

Pour avoir exactement le front de 96 mètres,
il manque, comme l'on voit, 95 centimètres.
Cette différence provient d'environ la moitié de
la petite rue qui, dans le camp, par demi-compagnie, se trouve entre les tentes adossées du
deuxième et du troisième escadron. Cette fraction,
qui ne fait pas la valeur d'une file, ne mérite pas
qu'on y fasse attention, et qu'on la répartisse sur
le front du camp.

Profondeur du camp d'un régiment dont les esca-drons sont de 24 files.

Il doit y avoir trois tentes par compagnie, placées sur une même ligne dans la profondeur du
camp. Cette profondeur sera donc la même que
celle du camp d'un régiment campé par demi-
compagnie, et ayant 48 files par escadron. (*V.
page 9, et les pl.* 1re *et* 3.)

Front du camp d'un régiment dont les escadrons sont de 32 files.

Les quatre escadrons donnent un front de 128 files ; celui du camp doit être de 128 mètres , moitié du front d'un régiment dont les escadrons ont 64 files, et qui est campé par demi-compagnie, On se servira, par conséquent , des mêmes dimensions que pour le camp par demi-compagnie d'un régiment dont les escadrons sont de 64 files (*voyez page* 12), et l'on aura 127 mètres 5 centimètres, c'est-à-dire 95 centimètres de moins, faisant à peu près la moitié de la largeur de la petite rue qui sépare les tentes adossées du deuxième et du troisième escadron.

Profondeur du camp d'un régiment dont les escadrons sont de 32 files.

Il faut quatre tentes par compagnie, qui doivent être placées sur une même ligne dans la profondeur du camp. Cette profondeur sera donc la même que pour un camp par demi-compagnie, lorsque les escadrons sont de 64 files. (*V. page* 12.)

Front du camp d'un régiment dont les escadrons sont de 40 files.

Cette formation donne la moitié des files d'un régiment dont les escadrons sont de 80 files, c'est-à-dire 160 files au lieu de 320 ; et par conséquent le front du camp devant être réduit de moitié, ne doit être que de 160 mètres.

On se servira des mêmes dimensions que pour le camp par demi-compagnie d'un régiment à 80 files par escadron (*v. page* 13), et l'on aura pour le front du camp 160 mètres moins 95 centimètres, largeur à peu près de la moitié de la petite rue du centre du camp.

Profondeur du camp d'un régiment dont les escadrons sont de 40 files.

Il faut cinq tentes par compagnie, qui, se trouvant en profondeur sur une seule ligne, donnent au camp la même profondeur que celle d'un camp par demi-compagnie d'un régiment ayant 80 files par escadron. (*V. page* 14.)

Manière de camper les dragons à pied, et les hommes à pied des autres régimens.

Les régimens de dragons sur le pied de guerre, ont, par compagnie, 46 dragons qui ne sont pas montés, ci 46
Deux tambours, ci 2
Un maréchal-des-logis, ci 1
Deux brigadiers, ci. 2

Total. 51

Les autres régimens peuvent avoir également des hommes non montés, qui ne comptant pas dans l'escadron, et qui se trouvant en sus de la quantité de files auxquelles les escadrons sont portés, ne doivent pas être comptés pour l'évaluation du front du camp.

Les tentes des dragons à pied seront placées dans leurs compagnies respectives, à la queue de celles des dragons à cheval, à moins que le général, d'après ses dispositions, ne juge à propos de les faire placer en tête. Dans l'un et l'autre cas ; la profondeur du camp sera augmentée en raison de la quantité de tentes qui seront placées dans cette profondeur pour les dragons à pied ; mais on ne laissera. pas entre ces tentes d'intervalle pour le fourrage : on laissera entre elles , dans la profondeur , une distance seulement d'un mètre 95 centimètres (1 toise), comme pour les camps de l'infanterie.

On logera dans chaque tente , comme dans l'infanterie , depuis douze jusqu'à quinze hommes ; de manière qu'il faudra à chaque compagnie de dragons quatre tentes de plus pour les dragons non montés , ce qui augmentera la profondeur du camp de la longueur de deux tentes et d'une distance d'un mètre 95 centimètres , lorsque le régiment campera par demi-compagnie. Cette augmentation sera de la longueur de quatre tentes et de trois distances d'un mètre 95 centimètres, lorsque le régiment campera par campagnie.

Lorsque les dragons à pied seront détachés , ils camperont comme l'infanterie, d'après l'instruction qui lui est particulière.

Quant aux hommes non montés des autres régimens , leurs tentes seront toujours à la queue de celles des hommes montés , et placées de la même manière qu'il est prescrit pour les tentes des dragons à pied.

Manière de tracer le camp.

Le camp de chaque régiment, tant pour le front que pour la profondeur , sera tracé au cordeau. Chaque régiment aura un cordeau de front et un cordeau de profondeur , divisés et marqués d'après les dimensions des tentes et des rues.

Manière de tracer le front du camp.

CORDEAU DE FRONT.

*Pour un régiment de quatre escadrons à 48 files,
campé par demi-compagnie.*

Ce cordeau sera de 192 mètres, front du régiment en bataille et de son camp.

Chaque escadron aura son cordeau particulier, fait sur le grand cordeau du régiment.

La première marque rouge, placée près de la boucle ou nœud qui forme l'extrémité du cordeau, indiquera l'alignement de l'encoignure de la première tente de la première compagnie de droite du premier escadron. (On suppose que le camp se trace par la droite.)

La première marque rouge et noire, placée à 1 mètre 95 centimètres (une toise) de la rouge, indiquera la place du milieu des culs-de-lampe de cette tente.

La deuxième marque rouge, placée également à 1 mètre 95 centimètres de la première rouge et noire, indiquera l'alignement de l'autre encoignure de la première tente.

La première marque jaune, placée à 2 mètres (1 toise 1 pouce 10 lignes) de la deuxième marque rouge, indiquera l'alignement des piquets des chevaux de la première moitié de la première compagnie.

La deuxième marque jaune, placée à 10 mètres 50 centimètres (5 toises 9 pouces 5 lignes) de la première, indiquera l'alignement des piquets des chevaux de la deuxième moitié de la première compagnie, ainsi que la largeur de la grande rue de cette compagnie, entre les deux piquets.

La troisième marque rouge, placée à 2 mètres de la deuxième marque jaune, indiquera l'alignement de l'encoignure de la première tente de la deuxième moitié de la première compagnie.

La deuxième marque rouge et noire, placée à 1 mètre 95 centimètres de la troisième marque rouge, indiquera la place du milieu des culs-de-lampe de cette tente.

La quatrième marque rouge, place à 1 mètre 95 centimètres de la deuxième rouge et noire, indiquera l'alignement de l'autre encoignure de cette tente.

La cinquième marque rouge, placée également à 1 mètre 75 centimètres de la quatrième, indiquera l'alignement de la première encoignure de la première tente de la deuxième compagnie du premier escadron, ainsi que la largeur de la petite rue qui sépare les tentes de la moitié de cette deuxième compagnie, d'avec celles de la deuxième moitié de la première compagnie.

La troisième marque rouge et noire, placée à 1 mètre 95 centimètres de la cinquième marque rouge, indiquera le milieu des culs-de-lampe de cette tente.

Enfin, la sixième marque rouge, placée également à un mètre 95 centimètres de la troisième rouge et noire, indiquera l'alignement de l'autre encoignure de cette tente, et ainsi de suite jusqu'à la rangée simple de tentes qui ferme la gauche de chaque régiment.

Au moyen de cette disposition, le milieu du cul-de-lampe de la première tente de chaque demi-compagnie se trouvera placé sur l'alignement du front de bandière, et les deux encoignures à environ 1 mètre 30 centimètres (4 pieds) en arrière de cet alignement, à cause de la forme des tentes.

CORDEAU DE FRONT

Pour les régimens dont les escadrons sont au-dessus ou au-dessous de 48 files.

On se servira, pour marquer les divisions de ces cordeaux, des dimensions qui sont détaillées pour le front du camp, suivant la quantité de files dont les escadrons sont composés. (*V. page* 10 *et suivantes.*)

Manière de se servir des cordeaux de front.

A mesure que le terrain destiné pour le camp sera distribué aux différens régimens, l'officier chargé de tracer le camp de chacun, fera placer un fanion à la droite et un à la gauche de ce terrain, en observant de les aligner exactement sur ceux des bataillons ou escadrons placés à sa droité ou à sa gauche; et, à défaut de ceux-ci, sur les points de direction qui lui seront indiqués.

Le point de gauche et de droite de chaque régiment étant ainsi déterminé, un sous-officier de la compagnie de droite du premier escadron passera le bout de son fanion dans la boucle ou nœud placé à l'extrémité du cordeau, et le tiendra fixé à ce point.

Un second sous-officier du premier escadron, partant de ce point et se dirigeant sur le fanion planté à la gauche du terrain d'un régiment, prolongera le cordeau jusqu'à la marque rouge qui indique l'alignement de la seconde encoignure de la dernière tente du premier escadron, tendra le cordeau jusqu'à ce point; et, s'arrêtant alors, fera face à droite, d'où l'officier chargé du campement l'alignera exactement sur le fanion de gauche. Lorsqu'il sera exactement aligné, il plantera à cette marque le fanion de gauche du premier escadron.

Un sous-officier du deuxième escadron prendra aussitôt le cordeau, et le prolongera jusqu'à la marque rouge qui indique l'alignement de la deuxième encoignure de la dernière tente de cet escadron ; et lorsqu'il sera également aligné sur le fanion de gauche, il plantera à cette marque le fanion de gauche du deuxième escadron. Un autre sous-officier du même escadron plantera en même temps le fanion de droite de cet escadron à la marque rouge qui indique l'alignement de la première encoignure de la première tente de l'escadron.

Les autres escadrons du régiment exécuteront successivement la même opération.

On aura soin que le cordon soit fortement tendu.

Les fanions des différens escadrons étant placés ainsi qu'il vient d'être prescrit, l'officier chargé de tracer le camp du régiment s'assurera s'ils sont bien alignés sur ceux de l'aile de l'infanterie, ou bien sur les points de direction qui auront été indiqués.

Lorsqu'on marquera le camp par la gauche de la ligne, l'opération qui vient d'être indiquée aura lieu de la même manière, mais en commençant par la gauche.

Dès que les deux fanions seront plantés sur le front de chaque escadron, et le cordeau bien tendu, les brigadiers de campement planteront des fiches ou baguettes à toutes les places indistinctement désignées sur le cordeau par les marques rouges, rouges et noires, et jaunes.

Cette opération commencera par la droite ou par la gauche de chaque régiment.

Aussitôt que le front de bandière de chaque régiment aura été ainsi marqué, on tracera la profondeur du camp.

Manière de tracer la profondeur du camp.

CORDEAU DE PROFONDEUR.

Pour un régiment de quatre escadrons à 48 files.

La première marque rouge et noire, placée à 2 mètres 92 centimètres (1 toise 3 pieds) de la boucle ou nœud qui forme l'extrémité du cordeau, indiquera la place du mât de la première tente de chaque demi-compagnie.

La première marque noire, placée à 2 mètres 92 centimètres de la rouge et noire, indiquera le milieu du premier cul-de-lampe de cette tente, le milieu du second cul-de-lampe étant déjà indiqué sur le cordeau de front.

La seconde marque noire, placée à 5 mètres 16 centimètres (2 toises 3 pieds 10 pouces 6 lignes) de la première, et à 11 mètres du milieu du premier cul-de-lampe de la première tente, indiquera l'intervalle entre la première et la seconde tente, dans lequel sera placé le fourrage, et indiquera aussi le milieu du premier cul-de-lampe de la seconde tente de chaque demi-compagnie.

La seconde marque rouge et noire, placée à 2 mètres 92 centimètres de la seconde marque rouge, indiquera la place du mât de la seconde tente.

La troisième marque noire, placée à 2 mètres 92 centimètres de la seconde marque rouge et noire, indiquera la place du milieu du second cul-de-lampe de la seconde tente.

La quatrième marque noire, placée à 10 mètres 32 centimètres (5 toises 1 pied 9 pouces) de la troisième, indiquera l'intervalle entre la seconde et la troisième et dernière tente, dans lequel sera placé le fourrage de ces deux tentes, ainsi qu'il est expliqué pages 6 et 9; elle indiquera aussi le milieu du premier cul-de-lampe de cette dernière tente.

La troisième marque rouge et noire, placée à 2 mètres 92 centimètres de la quatrième marque rouge, indiquera la place du mât de cette troisième et dernière tente.

La cinquième marque noire, placée à 2 mètres 92 centimètres de la troisième rouge et noire, indiquera la place du milieu du second cul-de-lampe de cette troisième tente.

La quatrième marque rouge et noire, placée à 6 mètres de la cinquième marque rouge, indiquera l'alignement des tentes des sous-officiers.

La cinquième marque rouge et noire, placée à 14 mètres de la quatrième, indiquera la ligne des cuisines.

Enfin, la sixième marque rouge et noire, placée à 16 mètres de la cinquième, indiquera l'alignement des tentes des brigadiers-trompette, chefs-ouvriers, etc. Le reste du cordeau pourra être marqué d'après les dimensions expliquées, *p.* 10.

Manière de se servir des cordeaux de profondeur.

Lorsqu'on aura la perpendiculaire bien exacte, on placera le cordeau de profondeur.

On portera d'abord le cordeau de profondeur sur la première marque rouge et noire du cordeau de front, placée à 1 mètre 95 centimètres (1 toise) de la droite de ce cordeau, et l'on plantera des fiches indistinctement aux différens endroits indiqués par les marques noires, et rouges et noires, lesquelles indiqueront le milieu des deux culs-de-lampe et la place du mât de chaque tente de la première demi-compagnie. On aura soin, avant de planter les fiches, de tendre fortement le cordeau et de s'assurer qu'il est placé bien perpendiculairement sur le cordeau de front.

On répétera la même opération pour chaque demi-compagnie jusqu'à la gauche du régiment, en portant successivement et de la même manière le cordeau de profondeur sur les différentes marques du cordeau de front. Les fiches placées aux marques noires, indiqueront l'alignement des piquets des chevaux.

Le camp des compagnies étant marqué, ainsi que l'alignement des cuisines et celui des vivandiers et blanchisseuses, on tracera l'alignement des tentes des lieutenans et sous-lieutenans.

Pour cet effet, deux sous-officiers se porteront, l'un à la droite, l'autre à la gauche du régiment. Ils se placeront vis-à-vis le terrain de la demi-compagnie extérieure de chaque aile ; sur l'alignement tracé pour les vivandiers, feront face en arrière, marcheront seize *pas métriques* (le *pas métrique* sera expliqué ci-après) s'arrêteront et placeront une fiche, qui désignera l'alignement des tentes des lieutenans et sous-lieutenans.

Ils répéteront la même opération pour tracer l'alignement des tentes des capitaines, et enfin pour celle des officiers supérieurs, en observant de faire vingt *pas métriques* de l'alignement des tentes des capitaines jusqu'à l'alignement des tentes des officiers supérieurs.

La même opération aura lieu en avant du front de bandière, dans les régimens armés de baïon-nettes, pour marquer l'alignement des faisceaux d'armes, qui seront placés à 9 mètres en avant de la première tente et vis-à-vis de leurs demi-compagnies respectives.

Les sous-officiers des compagnies planteront des fiches pour indiquer l'emplacement des fais-ceaux, ainsi que celui des tentes des officiers de leurs compagnies. Ces dernières seront placées comme il est marqué dans le plan.

L'officier de chaque régiment qui présidera à l'opération du campement, aura soin que l'ali-gnement tant des faisceaux d'armes que des offi-ciers des différens grades, soit parallèle au front de bandière, et que les fiches ou baguettes pla-cées pour marquer ces différens emplacemens, soient bien alignées entre elles. Le cordeau de perpendiculaire pourra être employé utilement à tracer ces parallèles.

On observera enfin que la baguette qui indiquera la place du mât de chaque tente des compagnies, désignée sur le cordeau par la marque rouge et noire, soit plus longue que celle destinée à mar-quer l'alignement du milieu des culs-de-lampe, afin que, dans aucun cas, on ne puisse confondre ces deux places.

2*

Méthode pour tendre le camp.

Lorsque le régiment se sera mis en bataille à la tête de son camp, un sous-officier par compagnie, dans les régimens armés de baïonnettes, ira planter les faisceaux d'armes de chacune à la place indiquée par les fiches.

Lorsque les tentes seront arrivées, on détachera deux ou trois hommes par chambrée pour les aller chercher, et les porter à la place que leur indiqueront les sous-officiers de campement.

On déploiera promptement les tentes; et aussitôt deux cavaliers prendront chacun un des deux morceaux de bois qui doivent composer le mât, et ils les réuniront ensemble en les ajustant dans leurs entailles, après quoi on passera la traverse dessus le mât.

On passera ensuite la tente par-dessus la traverse; on l'ajustera par le milieu dans l'entaille, où il y a une broche au haut du mât; et on fera entrer en même temps les arcs-boutans dans les mortaises qui sont préparées dans le dessous de la traverse; ce qui formera une double potence pour mieux soutenir la traverse.

On aura soin de faire entrer la petite broche de fer dans les œillets pratiqués au milieu de la faîtière, et de l'enfoncer dans les trous qui sont percés au milieu et sur le tranchant de la traverse. Cette petite broche sert à fixer solidement la tente à la traverse, et empêcher la faîtière de se déranger, lorsqu'on tendra la tente.

Cette opération faite, on placera le pied du mât à la place indiquée par la grande fiche, et on restera dans cette position jusqu'au signal qui sera donné pour dresser les tentes toutes ensemble.

A la fin du signal, les hommes qui tiennent le mât de chaque tente les dresseront aussitôt perpendiculairement, en observant que la traverse soit bien horizontale, et que les deux extrémités de ladite traverse soient dirigées exactement sur l'alignement des fiches vers la tête et la queue du camp.

Aussitôt deux cavaliers passeront des piquets dans les boucles de corde attachées aux encoignures des tentes, et les enfonceront également. Ils feront ensuite la même opération pour le milieu des culs-de-lampe.

On aura soin de passer les dernières boucles de corde qui sont attachées à la moitié de la tente de dessous dans les boutonnières pratiquées à la sangle du bas de l'autre moitié de tente de dessus; ce qui sert à fermer les deux portes de la tente. Cette opération faite, on enfoncera tous les autres piquets à volonté.

Les officiers et sous-officiers de chaque compagnie veilleront à ce que l'on se conforme exactement à tout ce qui est prescrit ci-dessus, dans leurs compagnies respectives. Les officiers supérieurs et adjudans y veilleront également.

Pour que le camp soit bien dressé, il faut que l'extrémité du cul-de-lampe de la première tente de chaque demi-compagnie se trouve placée exactement sur la ligne du front de bandière; que le mât et l'extrémité de l'autre cul-de-lampe se trouvent placés bien perpendiculairement à la ligne du front de bandière; et qu'enfin l'extrémité des deux culs-de-lampe, ainsi que le mât de toutes les tentes suivantes de chaque demi-compagnie, se trouvent placés exactement sur le prolongement de ceux de la première tente.

Les tentes affectées aux prisonniers seront tendues par les soins du brigadier de la garde de police, qui sera chargé de les aller prendre à la compagnie dont ce sera le tour de les porter ce jour-là.

Méthode pour décamper.

Lorsqu'on sonnera le boute-charge, on arrachera les piquets avec le plus de célérité possible : un cavalier se placera au mât de chaque tente, et aura soin de le diriger sur un autre cavalier placé en dehors, qui le recevra quand les trompettes cesseront de sonner.

On déboîtera ensuite la traverse du mât ; on séparera celui-ci en deux, et on attachera le tout ensemble par le moyen des courroies qui s'y trouvent clouées à cet effet.

On prendra la précaution d'ôter la terre qui pourroit s'être attachée à la *toile à pourrir* ; et l'on pliera aussitôt la tente en faisant rentrer les deux culs-de-lampe en dedans jusqu'aux encoignures : on la pliera ensuite par le milieu dans toute sa hauteur ; et un cavalier, placé à chaque extrémité, la roulera le plus serré possible en sens contraire, pour qu'elle ait la forme d'un manteau plié.

Les couvertures, lorsqu'on en aura, seront pliées dans la tente, pour être préservées de l'humidité.

Le chef de chaque tente distribuera aux cavaliers les piquets ainsi que les outils appartenant à la tente.

Les surnuméraires chargeront les tentes, les manteaux d'armes et les bois et marmites, de manière que les tentes se trouvent au-dessus des bois, afin que ces bois et les ferrures n'endommagent par les tentes par leur pesanteur.

Maniere de resserrer le camp d'un régiment , et de lui donner un front plus étendu.

Il se présente bien des circonstances à la guerre, où le général veut resserrer sa position ; il s'en présente d'autres où il veut lui donner une plus grande étendue.

Le système de campement qu'on vient de détailler, permet de resserrer ou d'alonger promptement le camp, et de lui donner, d'après les principes qu'on a établis, un front proportionné au front ordinaire de la troupe, quel qu'il soit, ou à celui que le général peut déterminer extraordinairement, suivant les circonstances.

Maniere de resserrer le camp d'un régiment.

Si le général ne veut que resserrer un peu sa position , on pourra diminuer sur la largeur des grandes rues un nombre de mètres égal à la quantité de files dont le général jugera à propos de diminuer son front de bataille.

Mais si les escadrons ne sont que de 48 files, on observe que dans ce cas il n'est plus possible de diminuer la largeur des grandes rues , parce qu'il ne s'y trouveroit plus un espace suffisant pour les chevaux. Alors on sera forcé de camper par compagnie, et on calculera la largeur des grandes rues d'après, l'étendue que le général voudra donner au front de bataille.

Si le général veut resserrer sa position de moitié, la manière de resserrer le camp de moitié est bien simple : au lieu de camper par demi-compagnie, on campera par compagnie, ainsi qu'il est expliqué *page 14 et suivantes*, pour les régimens dont les escadrons ne sont que de 24 files jusqu'à 40. (*Voyez la planche* 3.)

Cette manière de resserrer le camp de moitié donnera le moyen de mettre en bataille sur le front du camp par demi-compagnie une demi-compagnie derrière l'autre, avec distance, ce qui procurera la facilité de porter en avant une première ligne composée de la moitié du régiment, l'autre moitié couvrant le camp, ou de faire de premier abord marcher les deux lignes en échelons, ou de commander enfin toutes les manœuvres en changement de front. Le régiment étant resserré de moitié, et les demi-compagnies se trouvant dans leur ordre de marche en colonne avec distance, les mouvemens seront plus raccourcis qu'en partant de la formation en bataille sur deux de hauteur.

On pourra aussi camper par demi-régiment derrière les tentes de l'état-major, faisant face en arrière, pour pouvoir manœuvrer plus promptement sur les derrières du camp, si les circonstances l'exigent. On rapprochera alors convenablement les distances des tentes du grand et petit état-major et des officiers, et on placera les cuisines à la distance ordinaire.

Les latrines seront en avant des escadrons qui couvriront le front et le derrière du camp.

Manière de donner un front plus étendu au camp d'un régiment.

On augmentera la largeur des grandes rues d'autant de mètres que le général aura jugé à propos de présenter de files dédoublées de plus sur le front du régiment.

On voit, d'après ces principes, que la forme du

camp peut se plier à toutes les dispositions du général, et présenter toujours le front convenable pour
l'ordre de bataille qu'il jugera à propos d'adopter.

Du pas métrique ou d'un mètre et de la manière d'adapter tous les pas militaires à la mesure métrique.

Le mètre étant la base de toutes les mesures
d'un camp, les officiers d'état-major et les sous-
officiers des troupes chargés de marquer les camps,
s'habitueront à faire le pas d'un mètre, qu'on ap-
pellera *pas métrique*. Ce pas n'a que onze lignes
de plus que celui de trois pieds dont on s'est servi
anciennement pour mesurer les distances militaires. Un homme d'une taille ordinaire peut faire
aisément ce pas en pliant les genoux; et il contrac-
tera l'habitude de le faire exact en s'y exerçant très-
peu de temps. L'habitude de faire ce pas exact,
peut, dans beaucoup d'occasions, être très-utile,
et abréger le temps qu'il faut pour tracer le camp.

On parviendra également, mais d'une manière
moins rapide, au même résultat que par le pas
métrique, en réglant son pas ordinaire aux deux
tiers d'un mètre; ce qui fait deux pieds sept à huit
lignes, c'est-à-dire un demi-pouce à peu près de
plus que le pas ordinaire auquel les troupes sont
exercées.

D'après ce principe, on adaptera de la manière
suivante tous les pas militaires à la mesure métrique.

Le petit pas d'un pied sera appelé pas d'un tiers
de mètre (1 pied 3 à 4 lignes); trois petits pas feront le mètre.

Le pas ordinaire de deux pieds sera appelé pas
de deux tiers de mètre (2 pieds 7 à 8 lignes);
trois pas ordinaires feront deux mètres.

2**

Le pas alongé de deux pieds six pouces sera appelé pas de deux tiers et demi , ou cinq sixièmes de mètre (2 pieds 6 pouces 9 à 10 lignes) ; six pas alongés feront cinq mètres.

Et le grand pas de trois pieds sera appelé pas métrique ou d'un mètre (3 pieds 11 lignes) ; il y aura autant de grands pas que de mètres.

On voit que tous les pas en usage dans les troupes s'adapteront parfaitement au système métrique : la différence, même pour les plus grands pas, n'est pas d'un pouce.

Ainsi la règle générale pour mesurer au pas, sera, pour le pas métrique, de faire autant de pas qu'il y a de mètres dans le front du régiment , et pour le pas de deux tiers de mètre, d'ajouter la moitié en sus. Par exemple, si l'on a 192 mètres à mesurer au pas de deux tiers de mètre, ci. 192^{m}

La moitié est. 96

$$\text{Total. . . . . } 288$$

On aura par conséquent à faire 288 pas de deux tiers de mètre, qui donneront 192 mètres.

Ceux qui seront exercés au pas métrique , s'en serviront ; ceux qui n'y seront pas exercés, pourront se servir du pas de deux tiers de mètre ou des autres pas.

Les officiers de l'état-major de l'armée doivent également s'exercer à juger les distances d'une manière approximative, soit au coup d'œil, soit au temps de galop de leurs chevaux, au moyen d'une montre à secondes.

Cordeau divisé en mètres, ou cordeau métrique pour tracer régulièrement le camp d'un régiment de quelque force qu'il soit.

Comme la force des régimens peut varier, chaque régiment, indépendamment du cordeau de front et de celui de profondeur mentionnés ci-dessus, *pages* 19 *et* 23, aura un cordeau divisé exactement en mètres, et de la longueur de son front de bataille à son entrée en campagne.

Ce cordeau servira non seulement à exercer ceux qui marquent les camps, aux pas adaptés à la mesure métrique dont on vient de parler, mais encore à donner une plus grande régularité, soit au front, soit à la profondeur du camp. Après avoir tendu ce cordeau, il sera facile, par le moyen des cordeaux particuliers des escadrons, d'y prendre la quantité de mètres qu'exigeront les dimensions relatives aux différentes parties du camp.

La division de ce cordeau sera faite par une marque d'étoffe noire à chaque longueur de mètre, par une marque rouge et noire en sautoir, de 10 en 10 mètres, et par deux marques rouges également en sautoir, de 50 en 50 mètres.

Manière de tracer le camp avec le cordeau métrique.

1°. On tendra ce cordeau sur la longueur du terrain que le camp du régiment doit occuper.

2°. On fera ensuite, sur la totalité des mètres du cordeau, la soustraction de la quantité de mètres que doivent occuper toutes les rangées simples et jumelles de tentes du régiment, y compris les petites rues.

3°. On déterminera la largeur des grandes rues,

d'après la quantité de mètres restante sur le cordeau, après en avoir retranché celle nécessaire pour les tentes et les petites rues, et l'on divisera cette quantité restante dans les grandes rues, qui doivent être assez grandes pour qu'il y ait au moins un espace de deux mètres de tentes aux piquets des chevaux, et pour que, entre les piquets, il y ait la place convenable pour les chevaux. On aura l'attention d'éviter, autant qu'il sera possible, dans la largeur des grandes rues, les fractions au-dessous d'un demi-mètre : ces fractions, s'il s'en trouve de ce genre, pourront être négligées.

4°. Lorsque ces opérations seront faites, la compagnie de droite ou celle de gauche commencera par prendre sur le cordeau métrique, la distance de mètres nécessaires à la rangée simple de tentes, ainsi que la largeur qui aura été déterminée pour sa grande rue; la compagnie suivante prendra ensuite la distance qu'occupe une rangée jumelle, y compris la petite rue et la largeur d'une grande rue, quoique la rangée jumelle soit composée de tentes de deux différentes compagnies. On continuera de même jusqu'à la dernière rangée simple de tentes.

Ainsi, dans le petit cordeau de front ordinaire que chaque compagnie devra se procurer, on ne se servira que de la partie marquée pour une rangée simple de tentes à la première et dernière demi-compagnie; et de la partie marquée pour une rangée de tentes jumelles, y compris la petite rue, aux autres compagnies, parce que la grande rue se déterminera par la marque des mètres qui sont sur le cordeau de front du régiment.

Utilité du cordeau métrique.

Il est aisé de voir , d'après tout ce qu'on vient de dire, que le cordeau de front d'un régiment , divisé exactement en mètres , et les cordeaux des compagnies , suffiront pour tracer régulièrement le camp d'un régiment , de quelque force qu'il soit.

Ce cordeau sera employé très-utilement, lorsque le général jugera à propos d'étendre ou de resserrer le front du camp, ainsi qu'il est expliqué *page* 31.

Enfin il sera facile à un régiment dont la force sera déterminée pour toute la campagne, de donner à son cordeau de front les dimensions relatives au terrain qu'il doit occuper en bataille , d'après les principes établis dans cette instruction.

Des camps avec des baraques.

On n'entrera ici dans aucun détail sur la forme des baraques; elle dépend beaucoup des localités et des matériaux que le pays peut fournir.

On se contentera de rappeler les principes généraux de campement , c'est-à-dire que les baraques doivent être alignées; que le front d'un camp avec des baraques doit être couvert par la troupe en bataille, comme si le camp étoit composé de tentes; et que dans le cas où les chevaux ne seroient pas baraqués, les grandes rues doivent être assez larges pour que les chevaux y soient convenablement , en observant qu'il y ait toujours au moins deux mètres de distance des baraques aux piquets des chevaux.

Fournitures à faire pour le campement des troupes à cheval.

Il sera délivré aux compagnies de troupes à cheval, brigadiers et trompettes compris, une tente à raison de huit hommes montés, et de douze à quinze hommes pour les dragons à pied.

Outre les tentes affectées aux compagnies, il sera délivré aux régimens le nombre de tentes ci-après :

Pour les sous-officiers de chaque compagnie une tente, faisant pour les huit compagnies huit tentes. **8**

Pour les adjudans sous-officiers. **1**

Pour le brigadier-trompette et l'artiste vétérinaire.. . . . . **1**

Pour les chefs sellier et armurier.. . . . . **1**

Pour le chef tailleur. **1**

Pour les chefs bottier et culottier.. . . . **1**

Pour les blanchisseuses, une tente par escadron.. . . . . **4**

Pour les vivandiers, une tente par escadron. **4**

Pour la garde de police et des étendards. **1**

Pour l'usage des prisonniers détenus à la garde du camp. **1**

Total. **23**

Toutes les tentes ci-dessus seront des tentes de cavaliers.

Il sera délivré pour le piquet un chevalet avec son manteau d'armes.

Il sera fourni des faisceaux d'armes, avec leur manteau, aux compagnies armées de baïonnettes, dans la proportion suivante :

Aux compagnies de 40 hommes et au-dessous, un faisceau;

Aux compagnies de 40 hommes jusqu'à 80, deux faisceaux;

Aux compagnies de 80 hommes jusqu'à 120, trois faisceaux.

Il sera fourni par chaque tente une marmite avec son couvercle et son sac, une gamelle, un petit baril garni de sa banderole, et quatre outils garnis de leur étui, propres à être adaptés à la selle; savoir, une pelle, une pioche, une hache et une serpe : il sera fourni en outre par chaque tente, à l'exception des tentes des dragons à pied, une faux, sa pierre et son coffrin, un marteau et une petite enclume.

Il sera fourni de plus trois bidons par compagnie, pour contenir du vinaigre, lesquels seront portés, les jours de marche, par les maréchaux-des-logis.

Les cavaliers montés ayant leurs manteaux, il ne leur sera pas délivré de couvertures; mais il en sera fourni une pour deux hommes à pied, et une à chaque homme non monté du petit état-major; lesquelles ne seront délivrées que dans l'arrière saison, et lorsque l'ordre en sera donné.

Il sera fourni à chaque cavalier deux cordes à fourrages.

Il sera fourni de plus, par compagnie, deux cordes à piquets pour attacher les chevaux. Ces cordes auront une longueur proportionnée au complet de guerre de chaque compagnie, à raison de cinq mètres pour six chevaux, ou cinq sixièmes de mètre par cheval, et seront de la grosseur de deux centimètres.

Il sera également fourni un piquet ferré par les deux bouts, par chaque cheval, tant pour ceux des compagnies que pour ceux du petit état-major, lesquels seront répartis dans les compagnies.

Les tentes destinées aux adjudans, aux hommes de l'état-major, aux blanchisseuses et vivandiers, seront pourvues des différens effets réglés ci-dessus pour celles des compagnies, à l'exception des faux et de leurs accessoires.

Il ne sera délivré aucun de ces effets pour les tentes affectées aux prisonniers.

Indépendamment des effets ci-dessus, il sera délivré à chaque régiment un cordeau de front, un cordeau de profondeur et un cordeau métrique, de la longueur relative à la force du régiment, ainsi qu'il est expliqué *page* 8 *et suivantes*, d'après les dimensions que doit avoir le camp. Il lui sera fourni encore un cordeau de perpendiculaire.

Il sera fourni de plus à chaque escadron un cordeau de front et un cordeau de profondeur.

Il sera également fourni aux officiers, tant pour leurs personnes que pour leurs domestiques, le nombre de tentes ci-après, savoir :

Au colonel, une tente complète pour se loger, et une tente de soldat, à l'ancien modèle de l'infanterie, pour ses domestiques. Il sera de plus fourni au colonel, ou autre commandant de chaque régiment, une marquise simple, avec ses murailles, pour tenir le conseil et recevoir les officiers;

Au major et à chaque chef d'escadron, une tente complète pour se loger, et une tente de soldat, à l'ancien modèle de l'infanterie, pour leurs domestiques;

A chaque capitaine, adjudant-major et chirurgien-major, une tente complète pour se loger, et une tente de soldat, à l'ancien modèle de l'infanterie, pour leurs domestiques;

Au trésorier, deux tentes complètes, l'une pour se loger, l'autre pour son bureau, et une tente de soldat, à l'ancien modèle de l'infanterie, pour ses domestiques ;

Aux lieutenans et sous-lieutenans de chaque compagnie, une tente complète pour deux, et une tente de soldat, à l'ancien modèle de l'infanterie, pour leurs domestiques.

Il sera délivré aux officiers, pour chaque tente destinée à loger leurs domestiques, une pelle, une pioche, une hache et une serpe, garnies de leurs étuis.

Il sera aussi délivré aux officiers, par chaque tente, une corde à fourrage ; ils se pourvoiront, à leurs frais, des cordes à piquets et piquets des chevaux.

Il sera délivré, à l'entrée de la campagne, tant pour les officiers que pour les cavaliers et autres, la quantité de piquets nécessaire pour tendre les tentes, manteaux d'armes et chevalet du piquet.

Le ministre de la guerre,

ALEX. BERTHIER.

TABLE DES MATIERES.

TABLE DES MATIERES.

(43)

De l'Imprimerie de DEMONVILLE, rue Christine.

OUVRAGES NOUVEAUX

Qui se trouvent chez le même Libraire.

Ordonnance Provisoire sur l'exercice et les manœuvres de la cavalerie, rédigée par ordre du ministre de la guerre, du premier vendémiaire an XIII, 2 vol. in-8, dont un de planches, au nombre de 126 ; seconde édit. 15 f. — pap. vél. 24. — in-12,   9 f. Cette édition est la seule officielle.

Ecole du Cavalier à pied et à cheval, d'après l'Ordonnance de l'an 13 et le Réglement du 24 septembre 1811 ; précédée de l'instruction sur toutes les parties qui composent l'équipement du cheval et leur dénomination : le mors de bride, la manière de brider et de débrider, de seller et de desseller, de plier le manteau, de placer les effets dans le porte-manteau, de charger ; la dénomination de toutes les parties qui composent la platine ; la connoissance de l'âge et des différens poils des chevaux ; la place des sous-officiers en bataille et en colonne, et suivie du maniement, de l'exercice et de la manœuvre de la lance, le tout accompagné de planches représentant la platine, la position du cavalier à pied et à cheval, le port d'armes, les temps de la charge, le maniement des armes ; enfin, les différens galops. 1 vol. in-18,   1 f. 50 c.

Ecole du cavalier à pied, par demandes et par réponses, pour servir d'introduction à l'instruction de détail, sur les manœuvres de la cavalerie, *avec 2 pl. représentant toutes les sortes de mors,* 1 vol. in-8,   1 f.

Ecole de l'escadron, par demandes et par réponses, basée sur l'ordonnance de 1788 ; par Cordier, officier, *in-8,*   1 f. 50 c.

Instruction de détail, sur l'exercice et les manœuvres de la cavalerie, rédigée et mise en pratique à l'école d'instruction des troupes à cheval à Versailles, d'après l'ordonnance provisoire du premier vendémiaire an XIII ; *première partie,* contenant les bases de l'instruction,

et l'école du cavalier, tant à pied qu'à cheval, *in-12*,
sans *planches*,   2 f. 50 c.
— *avec planches*,   5 f.
La seconde partie, contenant l'école de l'escadron et les
manœuvres,   1 f. 50 c.
— *avec planches*,   4 f. 50 c.
Les deux parties réunies., *avec planches*,   9 f.
— *sans planches*,   4 f.
— *in-8 avec planches*,   15 f.

Livret de commandemens, pour les troupes à cheval, contenant, pour chaque grade, l'indication de ce qu'on
doit exécuter à chacun des commandemens de ses chefs;
par un officier général; *in-8*,   3 f. 50 c.
Réglement sur le service des troupes à cheval en campagne, du 12 août 1788, *in-12*,   1 f.
Réglement concernant la police des troupes à cheval, du
24 juin 1792,   1 f.
Instruction sur le campement de la cavalerie; *in-12*, *avec*
trois planches,   75 c.
— *in-8*.   1 f.
Du commandement de la cavalerie et de l'équitation,
deuxième livre de Xénophon; 1 vol, *in-8*,   5 f.
Jeu de théorie pour l'exercice et les manœuvres de la
cavalerie, composé de 143 pièces en étain. — Plus,
78 coulisses.   48 f.
Coup d'œil sur la manière d'escorter les convois par Hays;
in-12.   75 c.
Etat actuel de la législation sur l'administration des troupes; 3 vol. *in-8*, par Quillet   15 f.
Essai sur les dragons, ou abrégé de l'histoire de cette
arme; par un officier de l'état-major de la réserve de
cavalerie,   75 c.
Réglement du 1er vendémiaire an XIII, sur les demandes
et l'entretien des armes portatives, *avec les modèles*,
in-12,   75 c.
Instruction sur les armes à feu et armes blanches portatives, rédigée et imprimée par ordre du ministre de la
guerre, du 19 juin 1806, *in-8 et in-12*,   75 c.
Instruction pour les troupes légères qui servent dans les
avant-postes,   1 f. 20 c.
Arrêté du 8 floréal an 8, sur la comptabilité des corps,
nouvelle édition augmentée de notes, contenant les
dispositions de plus de quatre-vingts lois,   3 50 c.

Décret du 25 germinal an XIII , portant réglement sur les revues et les dépenses justifiées par les revues , suivi des instructions de LL. EE. le min'stre de la guerre et le ministre-directeur de l'administration de la guerre : nouv. édit. aug. de la *circulaire du directeur des revues , du 21 décembre 1809 , et des nouveaux modèles des feuilles d'appel et autres qui y font suite ,* in-8 , 7. f. 50 c.

Instruction du payeur-général de la guerre , du premier janvier 1806 ; Instruction du même sur l'exécution du même , avec les tarifs de la solde , des masses et indemnités , 3 f.

Décret concernant la masse des fourrages , du 25 février 1806 , suivi de l'instruction du Ministre-Directeur , du 10 mars 1806. — Réglement du 23 décembre 1806. — Circulaires du 24 novembre 1806, 9 février 1807 , et 11 janvier 1808. — Décret du 2 février 1808 , et Circulaire du 10 du même mois , sur les fourrages , *in-8* , 1 f. 50 c.

Manuel de l'administration et de la vérification des masses d'habillement , de harnachement et de ferrage , contenant 1° les lois , réglemens , arrêtés et circulaires relatifs aux masses d'habillement , de harnachement et ferrage ; 2° les tarifs en deniers de ces masses , avec indication des cas qui donnent lieu à leur accroissement et à leur diminution , les tableaux des dépenses de toute nature qui sont à leur charge ; les tarifs des étoffes et autres fournitures qui entrent dans la composition et la réparation de l'habillement , équipement , harnachement et armement ; enfin , les devis des matières nécessaires aux confections et réparations des différens effets d'habillement des troupes de toutes armes , suivi d'une table alphabétique et analytique ; par *Le Goupil* , sous-chef au bureau de la comptabilité au Ministère de la guerre , 1 vol. *in-8* . 9 f.

Instruction générale sur la comptabilité des soldes de retraire et du traitement de réforme , du 8 septembre 1808 , *in-8 , avec modèles* , 75 c.

Lois du 16 mai 1792 , sur l'admission aux invalides , du 28 fructidor an VII , sur la solde de retraite : Arrêtés du 4 germinal an VII , qui organise le corps des vétérans nationaux ; des 19 et 25 frimaire , relatifs aux soldes de retraite et aux admissions aux invalides , 75 c.

Ordonnance pour régler le service dans les places et dans

les quartiers, du premier mars 1768, *in-12*, suivie de l'instruction du 24 septembre 1806   1 f. 80 c.

Loi du 10 juillet 1791, concernant le service des places. — Loi du 23 mai 1792, concernant le logement et casernement des troupes. — Réglement du 22 germinal an XI, concernant la conservation et la garde des places de guerre et postes militaires. Décret du 20 janvier 1800 et Instruction sur l'exécution de ce décret, concernant les lits militaires, *in-12*,   1 f. 20 c.

Arrêtés des 4 germinal et 24 thermidor an VIII, concernant l'établissement et la police des hôpitaux militaires, *in-12*,   1 f. 50 c.

Réglement du premier fructidor an VIII, concernant le chauffage des troupes et les bois et lumière des corps-de-garde, *in-12*,   1 f.

Réglement du 15 fructidor an VIII, concernant les troupes en marche dans l'intérieur, *in-12*,   60 c.

Décret impérial relatif aux cérémonies publiques, préséances, honneurs civils et militaires, du 24 messidor an XII, *in-12*,   60 c.

Décret impérial relatif aux transports directs et convois militaires à la suite des corps et détachemens de troupes, du 10 avril 1806, suivi de l'instruction du Ministre-Directeur,   50 c.

Décret impérial du 20 juin 1806, et Instruction sur l'exécution de ce décret, concernant les lits militaires, *in-8*,   50 c.

Marché pour la fourniture des lits militaires, depuis le premier octobre 1807, jusqu'au 31 décembre 1808, conclu le 20 novembre 1807, *in-8*,   50 c.

Le guide des juges militaires, ou Recueil des lois, décrets, arrêtés et avis du Conseil d'état, sur la législation criminelle militaire et maritime; par Perrier, sous-chef du bureau des déserteurs, *in-8*,   7 f.

Manuel des conseils de guerre spéciaux créés d'après l'arrêté du 19 vendémiaire au XII, contre la désertion, par le même, *in-12*,   1 f.

Code pénal militaire, ou lois concernant la justice militaire, nouvelle édition,   1 f. 75 c.

Extrait dudit en placard,   15 c.

Instruction du Ministre de la guerre, du 24 brumaire an XII, sur l'exécution des dispositions du Code Napoléon, applicables aux militaires de toute arme,   75 c.

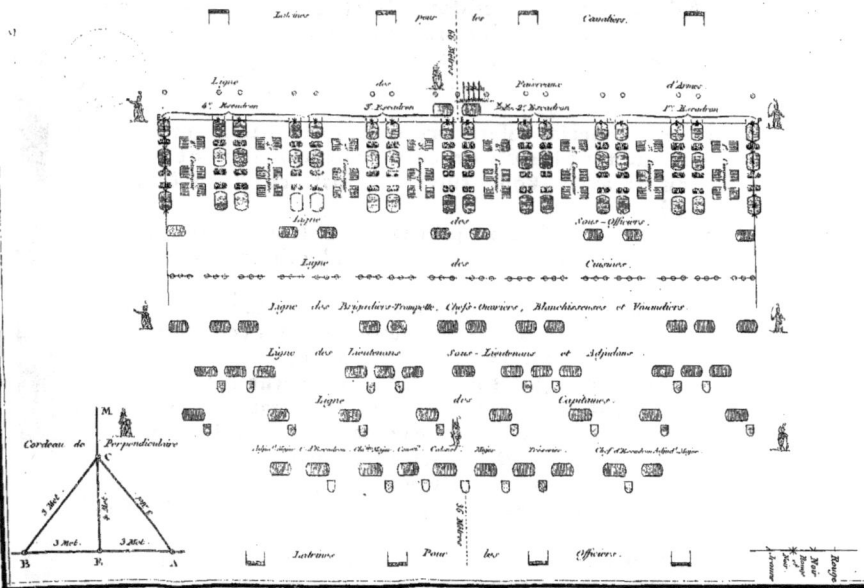

Camp d'un Régiment de 4 Escadrons
à 48 files par Escadron, Campé par demi-Compagnie.

Pl. I.

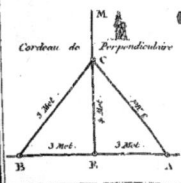

Cordeau de Perpendiculaire

Pl. 3.

Camp d'un Régiment de 4 Escadrons
a 24 Files par Escadron Campé par Compagnie.

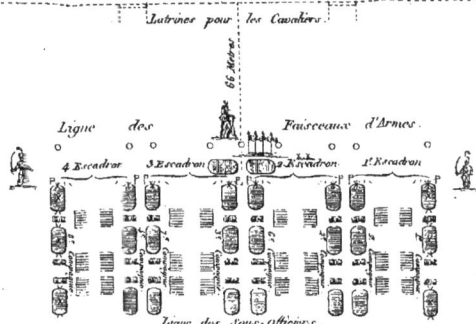

Latrines pour les Cavaliers.

66 Mètres

Ligne des   Faisceaux d'Armes.

4.Escadron   3.Escadron   2.Escadron   1.Escadron

Ligne des Sous-Officiers.

Ligne des Cuisines.

Ligne des Brigadiers-Trompette, Chefs-Ouvriers, Blanchisseuses et Vivandiers.

Ligne des Lieutenans et Sous-Lieutenans.

Ligne des Capitaines.

Grand Etat-Major.

36 Mètres

Latrines pour les Officiers.

Nota. Lorsque les Escadrons auront un plus grand nombre de files jusqu'à 40, et lorsqu'on voudra faire Camper par Comp.ie
les Régimens dont les Escadrons seront de 48 files et au dessus, la Profondeur du Camp sera augmentée de la quantité
de tentes qu'il y aura de peus que sur ce Plan, en raison des files de plus qu'auront les Escadrons.

www.ingramcontent.com/pod-product-compliance
Lightning Source LLC
Chambersburg PA
CBHW071009280326
41934CB00009B/2237